Kinder im Wechselmodell

1. Auflage April 2021

Bibliografische Information der Deutschen Nationalbibliothek:
Die Deutsche Nationalbibliothek verzeichnet diese Publikation
in der Deutschen Nationalbibliografie; detaillierte
bibliografische Daten sind im Internet über http://dnb.dnb.de
abrufbar.

Herstellung und Verlag: BoD – Books on Demand,
Norderstedt

ISBN: 978-3-7534-8219-4

Angela Ludwig

KINDER IM WECHSELMODELL

Ein Erfahrungsbericht

Wenn du nicht weißt,
wie du deine Kinder erziehen sollst,
frag Leute, die keine haben –
die wissen das!

Inhaltsverzeichnis

I

Mein Anliegen

Zum Zeitpunkt der Trennung waren mein Mann und ich 7 Jahre verheiratet, die Kinder 5 und 2 Jahre alt. Es war im Jahr 2014 und das Wechselmodell war noch ein sehr seltenes Ausnahmemodell. Wir lebten bis zu diesem Zeitpunkt eine Ehe mit klassischer Rollenverteilung – er verdiente gut in seinem Beruf und ich hatte Spaß an der Rolle der Hausfrau und Mutter. In den besten Ehen lebt man sich auseinander und so trennten sich auch unsere Wege. Doch wie sollten wir weiterleben, wie den Kindern ein gutes Elternpaar sein, auch wenn wir nicht mehr als Beziehungspaar lebten? Noch dazu hatte ich bisher die komplette Haushaltsführung und Kindererziehung übernommen, da der Vater unter der Woche oft tagelang unterwegs war, ein typischer gut verdienender Wochenendpapa.

Zuerst stand ein Beratungsgespräch beim örtlichen Kinderschutzbund an. Wir wollten – so paradox das in der Situation klingen mag – das Beste für die Kinder. Den Preis für die Trennung sollten schließlich wir bezahlen, und nicht sie. Selbst der Kinderschutzbund hatte aber keine Erfahrungen mit dem neuen Wechselmodell und so waren wir doch recht auf uns allein gestellt. Selbst bis heute (2021) leben laut offizieller Fachliteratur nur ca. 5% aller in Trennung lebenden Kinder in Deutschland im Wechselmodell.

Mittlerweile wird das Wechselmodell zwar von immer mehr Gerichten in Betracht gezogen, es ist aber immer noch mit vielen Fragen behaftet.

Ich möchte mit diesem kleinen Buch einen Erfahrungsbericht aus knapp sieben Jahren Wechselmodell weitergeben und die Eltern über die Vor- aber auch die Nachteile aufklären.

Bitte beachten Sie, dass dieses Buch kein Rechtsratgeber ist, sondern lediglich unsere ganz eigenen Erfahrungen widerspiegelt. Ebenso wichtig ist die Anmerkung, dass ich hier von einem „vollständigen" Wechselmodell spreche, bei dem die Kinder tatsächlich im Verhältnis 50 / 50 bei beiden Elternteilen leben.

Da ich persönlich keine Eltern kenne, die das Wechselmodell in dieser Art praktizieren, kann ich leider auch keine weiteren Meinungen einfließen lassen. Sollten Sie andere oder ähnliche Erfahrungen gemacht haben oder ich etwas Wichtiges vergessen habe, freue ich mich sehr über Anregungen und Hinweise. Sie können mir jederzeit gerne eine E-Mail schreiben: info@frauordnung.de

2. Anmerkung zum Kindeswohl und Bedenken

Ich sehe mich noch heute im Zimmer des Kinderschutzbundes sitzen und die Frage stellen, ob unsere Tochter mit ihren knapp 2 Jahren nicht zu klein für das Wechselmodell sei. Sehr unsicher war ich mir und ich konnte mir damals nicht vorstellen, wie ich ihr erklären sollte, dass Weihnachten nicht mit Mama und Papa stattfinden wird.

Die Dame dort war sehr freundlich und brachte es kurz auf den Punkt: „Ihre Tochter ist viel zu klein, um das zu verstehen. Wenn Sie im Wechselmodell leben, wird sie so daran gewöhnt sein, dass sie nie auf den Gedanken käme, Weihnachten gemeinsam mit Ihnen zu feiern."

Und sie sollte Recht behalten. Jahre später erzählte unser Sohn seiner Schwester von einem Erlebnis, das stattgefunden hatte, als „die Mama noch beim Papa gewohnt hat." – unsere Tochter bekam einen Lachanfall und meinte völlig ungläubig: „So ein Quatsch! Die Mama hat da noch nie gewohnt!". Es war für sie unvorstellbar.

Noch dazu erleben die Kinder tagtäglich, wie sich Eltern der Freunde trennen und die Kinder darunter leiden müssen, weil sich die Eltern nicht einigen können.

Einmal kam unser Sohn aus der Schule nach Hause und hat sehr nachdenklich berichtet, sein Schulfreund solle sich entscheiden, bei wem er in Zukunft lieber wohnen wolle – bei Mama oder bei Papa. Der Junge war damals acht Jahre alt und völlig verzweifelt, er muss sehr viel geweint haben. Der Kommentar meines Sohnes lautet sehr betroffen: „Wie soll man das denn entscheiden? Man will doch bei beiden wohnen!".

Als sehr anschaulich und hilfreich empfand ich damals die Erklärung mit Hilfe eines simplen Hauses:

Die Erklärung dazu ist einfach:

Zu Beginn Ihrer Beziehung lebten Sie in einem Zimmer im Erdgeschoss, Ihr Partner in einem eigenen anderen Zimmer daneben. Sie verliebten sich, wurden ein Paar und zogen ein Stockwerk höher, in das gemeinsame Beziehungszimmer. Mit dem Wunsch, eine Familie zu gründen wechselten Sie wieder gemeinsam die Etage und bezogen das Elternzimmer, unter dem Dach entstanden die einzelnen Kinderzimmer.

Was passiert nun bei einer Trennung? Sie verriegeln die Türe zum Beziehungszimmer und ziehen wieder in Ihre eigenen Zimmer im Erdgeschoss. Alle anderen Räume, die Kinderzimmer und das gemeinsame Elternzimmer bleiben bestehen! Lediglich das Beziehungszimmer ist nicht mehr zugänglich. Dass bei diesem Umzug das ganze Haus einmal wackelt und bebt ist völlig natürlich und nachvollziehbar, es wird sich aber wieder beruhigen.

Wichtig für Sie ist nun nur zu beachten: wenn Sie sich später streiten oder über etwas diskutieren, überlegen Sie stets, ob Sie sich wirklich gerade im „Elternzimmer" befinden, oder ob Sie sich aus Versehen in der Etage geirrt haben und Sie sich wieder im Beziehungszimmer befinden.

Mit diesem anschaulichen Modell hilft es manchmal, sich über die Situation klar zu werden und den Druck herauszunehmen. Doch was bedeutet nun eigentlich genau der Begriff „Wechselmodell"?

3. Definition „Wechselmodell"

„Als **Wechselmodell, Pendelmodell** oder **Paritätische Doppelresidenz** werden Regelungen zur Betreuung gemeinsamer Kinder bezeichnet, wenn diese nach einer Trennung ihrer Eltern in beiden Haushalten maßgeblich wohnen. Lebt das Kind zu annähernd gleichen Zeitanteilen in beiden Haushalten, so spricht man auch vom **paritätischen Wechselmodell**."[1]

Einfach formuliert: die Eltern leben in zwei verschiedenen Haushalten und die Kinder sind zu gleichen Teilen mal hier, mal dort.

Alternativ kann der Wechsel „kontaktlos" zwischen den Elternteilen stattfinden, indem zum Beispiel die Kinder morgens in die Schule oder den Kindergarten gebracht werden und nachmittags vom anderen Elternteil abgeholt werden.

Achtung: Fallstrick Hauptwohnsitz!

Beachten Sie bitte an dieser Stelle: in Deutschland ist es derzeit nicht möglich zwei Hauptwohnsitze zu haben! Das heißt: die Kinder sind bei einem Elternteil mit dem Hauptwohnsitz angemeldet und beim anderen Elternteil nur mit dem Zweitwohnsitz. Das ist nicht nur wichtig für die

---

[1] Quelle: Wikipedia, abgerufen am 29.03.2021:
https://de.wikipedia.org/wiki/Wechselmodell

Schulpflicht und andere ortsgebundene Dinge, wichtig ist das besonders für die Rentenansprüche im Alter! Kinder mit Zweitwohnsitz zählen nicht zu den „im Haushalt angemeldeten" Kindern! Wollen Sie also Rentenansprüche wegen Kindererziehungszeit geltend machen wird es schwierig, das mit Start des Wechselmodells keine Kinder mehr im Haushalt des Zweitwohnsitz-Elternteils leben! **Bitte fragen Sie hierfür explizit Ihren Anwalt oder Steuerberater,** auch falls ich mich hier getäuscht haben sollte! Dies bildet nur meinen aktuellen Wissensstand ab.

Über den Rhythmus und die Definition ist man sich nicht zwingend einig. Man kann sich darüber streiten, was „in etwa zu gleichen Teilen" bedeutet. Bei manchen findet der Wechsel im tageweisen Rhythmus statt, vier Tage hier, drei Tage dort, bei anderen kann der Rhythmus auch 14tägig erfolgen, oder – sollten die Eltern viel weiter auseinander leben – auch noch länger.

Bei uns findet der Wechsel seit Anfang an in einem wöchentlichen Rhythmus statt, Sonntagabends ist die „Übergabe". So haben die Kinder noch Zeit, anzukommen, bevor Montag früh die Schule beginnt.

Alternativen

Der Vollständigkeit halber möchte ich hier die beiden Hauptalternativen zum Wechselmodell kurz aufführen.

Welches Modell letztendlich das Beste für die jeweilige Familie ist entscheidet sich immer im Einzelfall, es gibt keine allgemeingültige Regel.

Residenzmodell

Beim Residenzmodell wird das Kind vorrangig von einem Elternteil betreut, der andere Elternteil erhält ein Umgangsrecht, bzw. ist ebenfalls verpflichtet, einen Teil der Erziehung zu übernehmen. Früher wurde dies Modell sehr oft gewählt, was dazu führte, dass die Kinder meist bei den Müttern blieben und die Väter zu sogenannten „Wochenendpapas" wurden.

Der Elternteil, bei dem das Kind verbleibt hat hier meist Anspruch auf Unterhaltszahlungen durch den „Wochenend"-Elternteil.

Nestmodell

Nicht sehr oft praktiziert, dennoch machbar ist das Nestmodell, bei dem das Kind dauerhaft in der bisherigen elterlichen Wohnung lebt und die Eltern abwechselnd ebenfalls dort leben, meist im wöchentlichen Wechsel. Dieses Modell ist so gesehen eine Art „umgekehrtes Wechselmodell".

Die größten Nachteile sind hier, dass drei Wohnungen unterhalten werden müssen und das Kind die Eltern gegebenenfalls als „Besucher" betrachtet und so die enge Bindung als Familie verloren geht.

Welches Modell passt zu uns?

Jede Familie ist einzigartig, jede Situation ebenso. Bei allem ausschlaggebend ist das Kindeswohl. Ich hatte es für mich immer so formuliert: den Preis der Trennung haben die Eltern zu zahlen und nicht das Kind. Natürlich lässt sich nie vermeiden, dass eine Trennung im Kind Spuren hinterlässt. Bei allen Modellen bleibt außerdem nicht zu vergessen, dass Sie in gewissen Zeitabständen hinterfragen, ob das Modell angepasst oder verändert werden sollte. Es gibt Familien, da haben im Wechselmodell lebende Kinder freiwillig als Teenager das Residenzmodell gewählt – es gibt Familien, da leben die Kinder im Wechselmodell, bis sie aufgrund von Ausbildung oder Studium ausziehen.

4. Die Vorteile des Wechselmodells

Der größte offizielle Vorteil ist bereits die oben angesprochene Tatsache, dass das Wechselmodell im Allgemeinem dem Kindeswohl am besten entspricht. Es ist dem bisherigen Residenzmodell in seiner physischen, mentalen und sozialen Wirkung überlegen und zwar über alle Altersstufen hinaus.

Ob dem auch aus persönlicher Ansicht so ist, möchte ich hier aufführen:

Aus Sicht des Kindes

Das Kind muss auf kein Elternteil verzichten und erlebt den ungeschönten Alltag mit beiden Elternteilen.

Dadurch, dass kein Elternteil nur der „Schönwetter-GuteLaune-Wochenend"-Elternteil ist, erlebt das Kind einen normalen Alltag mit Schule, Arbeit, Wochenenden, Urlaub. Egal ob Arztbesuche, Musikschule, Sportverein, Freunde treffen – alltägliche Termine werden gleichwertig von beiden Eltern wahrgenommen und geben dem Kind so das Gefühl, mit beiden Eltern verbunden zu sein. Es ist nicht der Fall, dass ein Elternteil der „Gute" ist, weil am Wochenende nur Spaß gehabt wird, nicht so streng erzogen wird und keine Hausaufgaben gemacht werden müssen und der andere Elternteil der „Böse" ist, weil hier gearbeitet werden muss, zum Arzt gegangen wird, eingekauft wird und der stressige Alltag erlebt wird.

Das Kind kann das Positive aus beiden Elternhäusern potenzieren

Ich meine damit unschön formuliert: es kann sich die Rosinen herauspicken. Für das Kind durchaus ein großer Vorteil. Was die Mama nicht erlaubt macht man eben in der Papa-Woche. Was der Papa nicht mag, macht die Mama mit ihm. Schwimmbadbesuche mit Papa? Keine Chance! Dafür mit Mama im Sommer den ganzen Tag ins Freibad gehen. Kindergeburtstag auf der Kart-Bahn? Nix für Mama. Der Papa freut sich aber riesig, den zu organisieren. Das Kind wünscht sich einen Hund? Kommt Mama nicht ins Haus! Papa liebt Hunde, und jetzt wo Mama weg ist kann er sich diesen Traum von einem eigenen Seelenbegleiter erfüllen.

In einer „normalen" Familie ist solch ein „Rosinen-Leben" meist nicht möglich, weil dort schlichtweg alle Kompromisse eingehen müssen. Trotzdem gibt es immer noch genug Kompromisse – dies soll kein Plädoyer dafür werden, dass fortan ein Wunschleben geführt werden kann und die Kinder den Eltern auf der Nase herumtanzen. Dennoch ist es ein unumstrittener Vorteil, den Sie als Eltern nicht abwenden können, dass die Kinder schnell lernen, welche Vorteile sie in welchem Elternhaus besitzen.

Das Kind bezahlt nicht den Preis für die Trennung

Sie haben sich getrennt, einer zieht aus der bisher gemeinsamen Wohnung aus. Endlich den Traum erfüllen und nach Berlin ziehen! Oder ins Ausland! Jetzt muss man schließlich keine Rücksicht mehr auf den Partner nehmen!? Fehlanzeige: Nachdem Sie entschieden haben, bei welchem Elternteil die Kinder mit Hauptwohnsitz gemeldet sind (meist bietet sich die bisherige Wohnung an, da dies meist eine Eigentumsimmobilie ist) sollte sich der ausziehende Partner nicht zu weit von dem Hauptwohnsitz der Kinder bewegen. Die Schulanmeldungen, der bisherige Freundeskreis, Hobbies und Umgebung kann so am besten für die Kinder erhalten bleiben. Schließlich können die Kinder nichts dafür, dass Sie sich getrennt haben – also müssen Sie in den Apfel beißen (der meist gar nicht so sauer ist) und sich ortstechnisch an dem Umfeld der Kinder orientieren. Für Ihr Kind ein Segen!

Kurz an dieser Stelle ebenfalls erwähnt, später dazu mehr: Ihre Karriere muss sich nun am Kind orientieren. Als Unternehmensberater von Sonntag bis Donnerstag unterwegs sein? Funktioniert so nicht mehr. SIE bezahlen den Preis, nicht das Kind!

Vorurteil: das Kind lebt nicht „zerrissen" – es bekommt alles doppelt!

Am Anfang wurden unsere Kinder oft gefragt: „Fühlt ihr euch da nicht zerrissen? Jetzt habt ihr gar kein richtiges Zuhause mehr!?". Und sie antworteten jedes Mal: „Nein, wieso? Wir haben jetzt sogar ZWEI richtige Zuhause!".

Das bedeutet auch: doppelt so viel Platz im Kinderzimmer, doppelt so viel Spielzeug, doppelt so viel Zeit mit den Eltern. War der Papa wegen der Arbeit früher nur am Wochenende da können Sie ihn nun ganze Wochen sehen!

Die Eltern werden weiterhin als Eltern wahrgenommen

Wie im Beispiel zu Beginn mit dem Familienhaus müssen die Kinder nicht auf Sie als Eltern verzichten. Sie nehmen Sie als vollwertiges Paar wahr. Sie sind und bleiben die Eltern der Kinder, auch wenn Sie als Paar nicht mehr zusammen sind. Für Kinder eine verlässliche Größe – haben sie doch die Sicherheit, dass Sie als Eltern beide für Sie da sind. Sie müssen keine Angst mehr haben, dass Sie einen Elternteil nicht mehr sehen, nur weil Sie sich nicht mehr sehen wollen.

Aus Sicht der Eltern

Auch für die Eltern bietet das Wechselmodell Vorteile, die ich nicht missen wollen würde.

Entlastung

Der definitiv größte Vorteil ist die immense Entlastung der Kindererziehungsarbeit. Um es ganz deutlich zu formulieren: eine Woche lang sind Sie Mutter oder Vater – und in der anderen Woche können Sie tun und lassen, was Sie wollen – Sie sind frei!

Ja, natürlich ist es mir wichtig, dass es den Kindern stets gut geht und wenn ein Kind krank wird leide ich regelmäßig mit. Dennoch eine Situation aus dem Alltag: Sie haben „kinderfreie Woche" und sind in einer wirklich wichtigen Besprechung während der Arbeit, das Telefon klingelt und die Schule informiert sie, das Kind möge bitte sofort abgeholt werden, es habe beim Mittagessen wohl etwas nicht vertragen und ihm sei schlecht. Sie bedanken sich, informieren den anderen Elternteil und können weiterarbeiten. Natürlich rufen Sie nach der Arbeit an und wollen wissen, wie es Ihrem Kind geht – aber es ist nicht Ihr Problem!

Vielleicht haben Sie auch abends einfach einmal vor, auszugehen, mit Freunden ins Kino oder in eine Bar zu gehen. Machen Sie, was Ihnen gut tut! Sie müssen nicht am nächsten Tag früh aufstehen. Und wenn Sie das Wochenende lesend im Bett verbringen wollen: haben Sie keine Scheu. Abgesehen davon möchten Sie möglicherweise einen neuen Partner kennenlernen. Was generell schwieriger ist, wenn Sie zu Hause ein wartendes Kind haben.

Das liebe Geld I

Auch die finanzielle Entlastung im Sinne von Unterhaltsstreitigkeiten kann befreiend wirken. Im Wechselmodell entfällt der (Kindes-)Unterhaltsanspruch beider

Elternteile. Nach der Trennung lebt das Kind zu gleichen Teilen bei den Eltern, daher sind auch beide Teile gleichermaßen verpflichtet, Essen, Spielzeug, Kleidung etc. zu besorgen. Musikschul-, Vereins- und sonstige Beiträge werden nach Absprache untereinander aufgeteilt. Das kann dann besonders hilfreich sein, wenn sich Ihre finanzielle Situation ändert. Als gut verdienender Elternteil sind Sie nicht verpflichtet, dem Kind beim anderen Elternteil einen Luxusstandard zu ermöglichen, an dem – hart gesprochen – der getrennte Partner mitpartizipiert. Als gering verdienender Elternteil sind Sie wiederum nicht verpflichtet, Ihrem Kind denselben gehobenen Standard zu bieten, sondern Sie können und dürfen Ihren Verhältnissen entsprechend leben. Während Sie beim Feinkostladen einkaufen gehen und teure Reisen unternehmen lernt das Kind beim zweiten Elternteil im Discounter auf Sparsamkeit zu achten und die Urlaube in Omas Garten zu verbringen.

Sie müssen als Eltern nicht darüber diskutieren – jeder ganz nach seiner Façon, so lange das Kindeswohl nicht gefährdet ist.

Sie können sich die Erziehungsarbeit teilen und sind nicht auf sich allein gestellt.

Sehen Sie die Trennung mit einem Augenzwinkern: wenn Sie auf einem Klassenausflug über den Abend sprechen und erzählen, dass Sie ins Konzert gehen, oder morgen auf eine dreitägige Geschäftsreise nach Italien aufbrechen – und Sie mit seufzenden Blicken gesagt bekommen: „Ach, du hast es SO gut! Ich hätte auch gerne mal einen freien Abend!" – dann antworten Sie lächelnd: „Kannst du doch haben – du musst dich nur scheiden lassen..." – ich weiß manchmal nicht, ob ich darüber weinen oder mich freuen soll. Dennoch hilft diese Haltung auch über so manche Tiefen hinweg. Sie sind nicht allein bei der Kindererziehung! Und dennoch können Sie ein eigenes Leben führen.

Wenn die Kinder zur Schule gehen und es zu Gesprächen mit den Lehrern kommt sind Sie beide gefragt: Sie müssen nicht alleine zum Elternabend gehen oder sich manche Beschwerden über pubertierende Verhaltensweisen nicht alleine anhören.

Ein weiterer Vorteil: die Kinder können Sie nicht gegeneinander ausspielen, wenn Sie sich in den großen Erziehungsfragen einig sind. Papa hat langes Fernsehschauen erlaubt? Da ruft Mama doch einfach an und fragt direkt nach! Bei Mama gibt es jede Woche Pizza und Junkfood? Ein kurzer Anruf von Papa und das Missverständnis ist geklärt.

Sie können den Kindern zeigen, dass Sie nicht alleine die Erziehungsarbeit leisten. Was uns zum nächsten Punkt führt:

Sie bleiben beide in der Verantwortung als Eltern

Wenn die Kinder Ihre Wohnsitze wechseln können Sie die Verantwortung nicht einfach auf den anderen Partner abwälzen. Sie müssen sich um Schulaufgaben, gesundes Essen, die Wochenendgestaltung, Urlaube kümmern.

Besonders wichtig: Sie haben beide die kindliche Entwicklung im Blick. Gibt es Auffälligkeiten? Schwierigkeiten in der Schule? Besonders bei Müttern ist beliebt, sich selbst die Schuld dafür zu geben. Im Wechselmodell dürfen Sie aber nicht vergessen, sind Sie „nur" zu 50% an der Erziehung beteiligt. Sie können nicht für alles verantwortlich gemacht werden! Wenn Ihr Kind zum Beispiel Alpträume hat, in der Zeit in der es bei Ihnen ist, werden Sie unweigerlich überlegen, woher diese kommen. Haben Sie etwas falsch gemacht? Einen zu spannenden Film geschaut? Nicht genug aufgepasst? Oder womöglich – die ganz große Keule – das Kind spüren lassen, dass Sie mit der Trennung nicht umgehen können? Vergessen Sie nicht: vielleicht hat es in der Woche davor einen gruseligen Film geschaut. Vielleicht kann der andere Elternteil nicht mit der Trennung umgehen und bei Ihnen kommt drei Tage später der Alptraum ans Licht.

Sie tragen beide die Verantwortung, nicht nur Sie allein!

Das Kind ist schlecht in der Schule? Obwohl Sie so viel gelernt haben? Vielleicht hatte der andere Elternteil keine Zeit oder etwas versäumt.

Wenn Sie sich beide diese Erziehungsarbeit teilen müssen auch beide mit den unangenehmen Themen konfrontiert werden. Im Vergleich zum anderen Modell, bei dem der „Alltags"-Elternteil oft die gesamte Erziehungsarbeit übernimmt.

Die Kinder werden Ihnen nicht weggenommen

Zu Beginn einer Trennung schwirrt oft in einem der Köpfe der Gedanke herum: „Sie / Er will mir die Kinder wegnehmen!".

Beim Wechselmodell kann dies nicht passieren. Wie oben geschrieben verbringen Sie im besten Fall auch in Zukunft 50% Ihrer Zeit mit den Kindern. Was für viele Eltern oft auch mehr Zeit ist, als sie vorher hatten.

5. Die Nachteile des Wechselmodells

Beschönigen möchte ich aber auch nicht, dass es Nachteile haben kann, die gegen das Wechselmodell sprechen.

Aus Sicht des Kindes

Psychische Belastung durch Wechsel

Bei manchen Kindern kann das Wechseln negative Auswirkungen auf den Lebensrhythmus haben. Kritiker behaupten, dass wiederholte Wechsel und Trennungen von Bezugspersonen zu einer Zerrüttung der Beziehung führten.

Wir konnten dies nicht beobachten, es sei aber erwähnt, da hier sicherlich auch viel vom Wesen des Kindes abhängt.

Generell gewöhnen sich die Kinder früher oder später an die Wechsel, bis dies als Normalzustand akzeptiert wird.

Verschiedene Lebensumstände

Nach einer Trennung kann es durchaus passieren, dass sich die Lebensumstände der Eltern wenig bis stark unterscheiden. Je nach finanzieller Situation der Eltern kann es dazu kommen, dass die Kinder beim einen Elternteil viele Annehmlichkeiten erhalten, während sie beim anderen Elternteil auf ebendiese verzichten müssen. Diese Umstände können die Kinder in jungen Jahren verwirren, da sie noch nicht nachvollziehen können, warum es beim Einen ein teures Auto, teures Essen, teure Hobbies und Urlaube gibt und beim Anderen sparsam und zurückhaltend gelebt werden muss. Ältere Kinder verstehen dies wesentlich einfacher.

Verunsicherung in Erziehungsfragen

Wenn sich die Eltern nicht über die Erziehungsmaßnahmen einig sind kann es Kinder verunsichern, wie sie sich verhalten sollten. Kinder möchten gerne unparteiisch bleiben, für sie sind beide Elternteile gleichwertig und sie möchten niemanden verletzen. Wenn Konflikte der Eltern über den Rücken der Kinder ausgetragen werden kann das das Kind sehr belasten.

Im schlimmsten Fall werden Kinder als Streitobjekt missbraucht und mit Erziehungsmaßnahmen angedroht: „Dann geh doch zu Papa / Mama!"

Dieser letzte Nachteil ist allerdings auch für andere Trennungsmodelle gültig und nicht explizit nur im Wechselmodell anzutreffen.

Aus Sicht der Eltern

Braucht Zeit für die Organisation

Wenn Sie ein Wechselmodell anstreben sollten Sie sich im Klaren sein, dass dies Zeit benötigt. Besonders die veränderte berufliche Herausforderung ist hier zu nennen. Waren Sie bisher ein Vollzeit berufstätiger Elternteil so müssen Sie bei schulpflichtigen oder auch Kindergartenkindern berücksichtigen, dass diese nun von Ihnen täglich abgeholt und versorgt werden müssen. Oft sind solche Änderungen im Berufsalltag erst nach Monaten umsetzbar.

Auch die Haushaltsführung ist für denjenigen, der bisher nicht darin involviert war eine nicht zu unterschätzende Herausforderung. Fühlt sich der eine Elternteil in der Hinsicht sehr entlastet (in einer Woche ohne Kinder entfällt nahezu die komplette Hausarbeit von früher) so wird der bisher arbeitende Elternteil nun doppelt belastet.

Persönlich angemerkt ist dieser Nachteil meist für den Elternteil deutlicher spürbar, der vorher weniger mit der Kinderbetreuung belastet war. Derjenige spürt nun meist die volle Wucht der besonders in Deutschland herrschenden Doppelbelastung aus Elternsein und Arbeitendem. „Das bisschen Haushalt" kann hier zur wahren Zerreißprobe werden. Was andererseits oftmals den positiven Effekt hat, dass der bisher kinderbetreuende Elternteil die Wertschätzung für das bisher „unsichtbar" geleistete erfährt, da – ohne weiteres

leider - erst zu diesem Zeitpunkt erkannt wird, mit welchen Hürden derjenige bisher gekämpft hatte.

Kommunikation zwischen den Eltern bei unterschiedlichen Erziehungsmeinungen

Das Konfliktpotential ist erhöht, wenn es um erzieherische Meinungen geht, bei denen sich die Eltern nicht einig sind.

Zum einen müssen sich die Eltern im Wechselmodell immer wieder bewusst machen, auf welcher Ebene sie sich bei Konflikten bewegen. Sind Sie noch im Elternzimmer oder diskutieren Sie wieder im Paarzimmer?

Und dann gibt es die Kernthemen, bei denen ein Residenzmodell einfacher wäre: wann sagen Sie dem Kind, dass es den Weihnachtsmann nicht gibt? Wann bekommt das Kind ein eigenes Smartphone? Derzeit sehr aktuell: wie gehen Sie mit der Umsetzung der Corona-Richtlinien um?

Wenn Sie in solchen Kernfragen keine Einigkeit haben bedeutet dies einen höheren Stressfaktor für alle Beteiligten.

Da dies aber nicht zu vermeiden sein wird müssen Sie an dieser Stelle einen Umgang für sich mit der Situation finden. Falls machbar können Sie an dieser Stelle einen Mediator oder Berater engagieren, der die Kommunikation zwischen Ihnen verbessert.

Im Gegensatz zum Residenzmodell treten die Auswirkungen unterschiedlicher Erziehungsstile hier stärker zum Vorschein, da sie tatsächlich zu gleichen Teilen gelebt werden.

Trennung vom Ex-Partner nicht vollständig möglich

Auch nicht realisierbar ist die vollständige Trennung vom Ex-Partner. Das bedeutet: Sie werden den zweiten Elternteil wöchentlich sehen, mit ihm sprechen, sich über Schule und andere Themen austauschen.

Spätestens wenn Sie einen neuen Partner haben kann dies schwierig werden. Ein neuer Partner muss die Anwesenheit des zweiten Elternteils tolerieren oder Sie müssen eine andere Lösung dafür finden. Dies ist ein Thema, das Sie als ehemaliges Paar lösen müssen.

Lernen Sie damit umzugehen, dass die Kinder jederzeit von den schönen Zeiten mit Mama oder Papa berichten, auch wenn Sie am liebsten nichts mehr von diesem Menschen erfahren möchten.

Dieser Nachteil ist nicht einfach aber machbar. Suchen Sie sich notfalls professionelle Unterstützung in der Trauerbewältigung und denken Sie immer an Ihren Leitgedanken: Den Preis der Trennung zahlen SIE, nicht Ihre Kinder!

Das liebe Geld II

Als Nachteil anzusehend ist, dass das Wechselmodell für denjenigen teurer sein kann, der im Residenzmodell die Rolle des „Wochenendelternteils" bekommen hätte. Dieser muss jetzt für eine voll ausgestattete Wohnung sorgen und auch Urlaube und andere Leistungen abdecken.

6. Zusammenfassung und praktische Tipps

Sowohl aus Sicht der Kinder, sowie aus Sicht der Eltern ist das Wechselmodell eine zukunftsorientierte moderne Lösung der Kinderbetreuung / -erziehung nach einer Trennung.

Vor- und Nachteile finden sich bei allen Modellen, das Gelingen des Wechselmodells kann allerdings mit einigen Tipps gefördert werden:

Gleichmäßige Verteilung

Achten Sie darauf ein möglichst gleichmäßiges Wechselmodell zu etablieren, bei dem die Kinder tatsächlich zu 50 % bei jedem Elternteil leben. Am einfachsten ist dies mit wochenweisen oder 14tägigen Wechseln zu handhaben. Achten Sie darauf, dass der Rhythmus besonders nach den Ferien wieder gleich ist. Auch für die Urlaubsplanung bei Berufstätigen bietet es sich an, die Kalenderwochen zu benennen. Ungerade Wochen der eine Elternteil, gerade Wochen der Andere. Auf diese Weise können Sie auch weit im Voraus planen.

Beispiel aus unserer Praxis: ich halte ab und zu Kurse an den örtlichen Volkshochschulen. Diese planen die Semester oft schon bis zu einem dreiviertel Jahr im Voraus. Ich weiß zu dem Zeitpunkt natürlich noch nicht, was dort genau ansteht, aber ich weiß, ich kann die Kurse in ungerade Wochen legen, weil die Kinder auch in einem Jahr noch in den ungeraden Wochen beim Papa sein werden.

Extra-Tipp: Achten Sie auf den Jahreswechsel, ob sich die Wochennummerierung möglicherweise durch die Kalenderwochen im neuen Jahr verschiebt!

Sonderregeln: Urlaube, Feiertage

Auch die Urlaube sollten Sie gerecht verteilen. Ob zwei Wochen Osterferien beim Papa und zwei Wochen Pfingstferien bei der Mama oder in den Ferien eine Woche hier, eine Woche dort bleibt Ihnen überlassen.

Ein Highlight sind die Sommerferien – wir teilen diese in zwei 3-Wochen-Blöcke. Auf diese Weise müssen Sie sich als möglicherweise Alleinerziehender nicht 6 Wochen Urlaub arrangieren und, sollten Sie vielleicht einen neuen Partner haben, bieten sich die 3 kinderfreien Wochen an, gemeinsam einen längeren Urlaub ohne Kinder zu unternehmen.

Extra-Tipp: Weihnachten und Silvester

Um stressige Weihnachten zu vermeiden und die Kinder zu zerreißen teilen wir diese Feierlichkeiten komplett am Stück. Im einen Jahr verbringen die Kinder die gesamten Weihnachtstage bei einem Elternteil und anschließend Silvester beim Anderen. Meist klappt es sogar, den wöchentlichen Wechsel ganz normal beibehalten zu können. Dann sind die Kinder zum Beispiel vom 20. bis 27. Dezember beim Einen und vom 28. Dezember bis zum 3. Januar beim Anderen. Natürlich bedeutet dies, dass einer an Weihnachten auf die Kinder verzichten muss – oder eben an Silvester. Aber auch hier wieder gilt: Sie zahlen den Preis der Trennung, nicht die Kinder. Und die Kinder können es meist verkraften, wenn an Weihnachten ein Elternteil nicht da ist. Je jünger die Kinder, um so einfacher. Denn wenn diese es nicht anders kennen werden sie das „klassische" Weihnachtsfest nicht vermissen.

Auch hier ziehen die Kinder für gewöhnlich wieder das Positive: denn wenn am 27. der Wechsel zum anderen Elternteil ansteht liegen dort meistens dann doch noch ein paar, vom Weihnachtsmann wohl an die „falsche" Adresse gelieferte Geschenke…

Für Sie als Elternteil mit möglicherweise einem neuen Partner ist die Situation auch entspannter: Sie können sich auf tatsächlich besinnliche Weihnachten freuen, vielleicht hat Ihr neuer Partner auch selbst Kinder oder Eltern, die mit Ihnen feiern. Auf diese Weise sind Sie wesentlich flexibler.

Silvester feiern Sie dann dafür entsprechend mit Kindern oder eben ohne. Da können Sie auch gern die Familie, Großeltern, Verwandte besuchen, die Ihre Kinder an Weihnachten nicht sehen konnten.

Kommunikation ist das A und O – aber nicht alles

Gewöhnen Sie sich daran, dass Sie viel kommunizieren werden. Denken Sie aber immer daran, sich nur im Elternzimmer des Hauses zu bewegen! Austauschen sollten Sie sich wöchentlich über:

- Besondere Vorkommnisse in Schule und Kindergarten
- Anstehende Termine der kommenden Woche
- Anschaffungen größerer Dinge
- Gesundheitliche Themen

Wenn Sie am Sonntag die Kinder übernehmen fragen Sie aktiv nach: sind alle gesund? Es kommt bei Kindern doch noch recht häufig vor, dass Knöchel verstauchen, sich eine Erkältung übers Wochenende angekündigt hat, Verdauungsbeschwerden aufgetreten sind,… Sie kennen Ihre Kinder am besten. Für diesen Fall sollten Sie – für den Fall eines Arztbesuches, der nun in Ihre Woche fällt – genauestens Bescheid wissen, denn dieser wird logischerweise nachfragen, seit wann die Beschwerden bestehen etc.

Extra-Tipp: Teilen Sie sich die Ärzte auf

In unserem Fall versorge ich die Themen Kinderarzt und Spezialärzte (Orthopäden, Kinderchirurg, HNO-Arzt, …), der Vater hat das komplette Spektrum der Zahnmedizin übernommen (Zahnarzt, Kieferorthopäde,…). Jeder kümmert sich hier um sein Metier, ich um die Vorsorgeuntersuchungen,

Impfungen usw., der Vater um die Kontrolltermine für Zahnspange, Vorsorge usf..

Wenn Sie hier eine geeignete Regelung finden können entlasten Sie sich gegenseitig und geben auch den Kindern das Gefühl, dass Sie sich beide bestens um sie kümmern.

... vermeiden Sie Überkommunikation

Man kann aber auch in die Gefahr laufen, zu viel zu kommunizieren. Dies ist besonders dann kontraproduktiv, wenn Sie selbst noch an der Trennung zu arbeiten haben, oder auch Jahre später, wenn Sie ab und zu das Gefühl beschleicht, sich nicht richtig vom Ex-Partner gelöst zu haben.

Wenn die Kinder größer sind und es der Wohnort zu lässt können diese den Wechsel auch ohne Sie schaffen.

Dann laufen oder fahren die Kinder selbstständig zum anderen Elternteil und Sie müssen nicht jedes Mal mit dabei sein. Es gibt schließlich auch Wochen, in denen nichts ausgetauscht werden muss – auf Elternebene. Und dann genügen notfalls auch eine WhatsApp-Nachricht oder ein kurzer Anruf.

Sie sind nur noch Eltern – Sie müssen nicht beste Freunde bleiben oder zwanghaft miteinander sprechen.

Kaufen Sie clever ein – und wechseln Sie nicht alles

Prüfen Sie kritisch, welche Dinge Ihr Kind tatsächlich doppelt benötigt, sowohl bei Ihnen, als auch bei Ihrem Ex-Partner. Dazu zählen Alltagsgegenstände wie:
- Kleidung
- Spielzeug
- Hygieneartikel (Zahnbürsten, Waschzeug,…)
- Vesperdosen und Trinkflaschen für Schule und Kindergarten

Diese Artikel sollten nicht mitwechseln müssen sondern in jedem Haushalt angeschafft werden.

Dinge, die Sie nicht doppelt kaufen müssten:
- Jacken
- Schuhe
- Schulranzen
- Das Lieblingsstofftier
- „Spezial-Spielzeug" wie Ski oder Tauchausrüstung
- Fahrräder
- Große Autokindersitze

Gerade bei Jacken und Schuhen wachsen Kinder besonders schnell heraus und es lohnt sich einfach meist nicht, diese Dinge doppelt zu kaufen. Auch das Lieblingsstofftier zieht jede Woche mit um. Große Hobby-Ausrüstungen oder dinge wie Schlitten, Fahrräder, etc. werden bei uns auch nur einmal angeschafft.

In der Praxis hat sich dieses System bei uns etabliert, weil wir aber auch sehr nah zusammenwohnen, zwei Straßen auseinander. Sollte ich morgen feststellen, dass es über Nacht geschneit hat, dann ist es ein kurzer Fußmarsch und wir holen die Schlitten aus Papas Keller ab. Der ist nämlich viel größer als unser kleiner Keller hier und wir lagern dort Fahrräder, Schlitten und andere große Dinge.

Es muss für Sie in der Praxis passen – achten Sie schlichtweg darauf, ob die Anschaffungen wirklich doppelt sein müssen, oder ob es sich lohnt, die Dinge doch jede Woche zu tauschen.

Dass es im Winter hier in Stuttgart zum Beispiel tatsächlich zwei Wochenenden hintereinander viel Schnee gibt ist recht unwahrscheinlich – daher bleiben die Schlitten bei einem und werden notfalls vom anderen Elternteil auf der Fahrt zum Schlittenhang abgeholt.

Fragen Sie die Kinder

Bei all den Planungen, Hinweisen und Tipps berücksichtigen Sie gerne auch die Meinungen der Kinder. Manchmal haben diese ganz gute Ideen, die Sie berücksichtigen können.

Hören Sie zu, seien Sie aufmerksam und reden Sie miteinander! Zeigen Sie, dass Sie als Eltern weiterhin gemeinsam für Ihre Kinder da sind und sich auch nicht gegeneinander ausspielen lassen.

7. Fazit

Das Wechselmodell eignet sich für moderne Familien, die vernünftig miteinander umgehen. Wenn Sie sich bewusst sind, dass den Preis einer Trennung Sie als Paar zu zahlen haben und nicht das Kind, ist das Wechselmodell eine gute Möglichkeit für ein Leben als „getrennte" Familie.

Dennoch beachten Sie bitte: es geht um das Kindeswohl. Besonders bei älteren Kindern gegen Ende der Pubertät, können und sollten Sie stets die Möglichkeit in Betracht ziehen, das Wechselmodell irgendwann zu beenden.

Wir sind alle Individuen – auch Mütter und Väter können mal mehr, mal weniger mit ihren Heranwachsenden umgehen. Und dann ist es manchmal auch an der Zeit, die Situation neu zu überdenken.

Bis dahin genießen Sie die Zeit als Mama oder Papa auf Zeit, genießen Sie ohne schlechtes Gewissen auch die „kinderfreien" Wochen! Sie sind nicht allein, die Kinder haben es bei Ihrem Ex-Partner gut und Sie müssen nicht die volle Verantwortung auf Ihren eigenen Schultern tragen.

Eltern bleiben Sie beide ein Leben lang.

Index

Weitere Bücher der Autorin:

Mit der 5S-Methode nachhaltig ausmisten und dauerhaft für Ordnung sorgen – ob Keller, Küche, Kleiderschrank spielt dabei keine Rolle. Starten Sie mit den 5 einfachen Schritten in ein neues, befreites Leben und lassen Sie Gerümpel, ungeliebte Dinge und schlechte Angewohnheiten hinter sich.

Zahlreiche Praxistipps helfen beim Umsetzen und sorgen für schnelle Ergebnisse. Der Erfolg liegt im Tun! Mit diesem Buch erhalten Sie kurz und bündig die pragmatischen Hinweise, die Sie benötigen, um sich von unnötigem Ballast zu befreien.

ISBN: 978-3-7526-2594-3 (deutsch, paperback), 7,99 €
          978-3-7534-6619-4 (deutsch, E-Book), 3,99 €

Über Amazon, BOD und den Verlagsbuchhandel erhältlich.

Sie wünschen sich mehr Zeit? Ein höheres Gehalt? Und noch dazu weniger Stress im Familienalltag?

Mit den bewährten Methoden und Prinzipien des LEAN MANAGEMENTs ist das alles möglich:

Lernen Sie, welche der wesentlichen Kernelemente des LEAN-Gedankens Sie im Haushalt unterstützen können und Ihnen endlich wieder das zurückgeben, was Sie verloren geglaubt haben:

Ein harmonisches Familienleben, geprägt von Zufriedenheit und Gelassenheit!

ISBN: 978-3-7519-3232-5 (deutsch, paperback), 12,99 €
        978-3-7519-4164-8 (deutsch, E-Book), 9,99 €

ISBN: 978-3-7519-5804-2 (englisch, paperback), 12,99 €
        978-3-7519-9030-1 (englisch, E-Book), 9,99 €

Über Amazon, BOD und den Buchhandel erhältlich.